MY 2020/21 TEACHER PLANNING DIARY

JULY 2020 - JUNE 2021

Name: _____

Email: _____

©The Life Graduate Publishing Group

No part of this book may be scanned, reproduced or distributed in any printed or electronic form without the prior permission of the author or publisher.

Education Planning Series

2020/21 YEAR PLANNING

Staff Meetings and Key school events

JULY

JANUARY

AUGUST

FEBRUARY

SEPTEMBER

MARCH

OCTOBER

APRIL

NOVEMBER

MAY

DECEMBER

JUNE

IMPORTANT 2020 DATES

School Term dates and school events

JULY

AUGUST

SEPTEMBER

OCTOBER

NOVEMBER

DECEMBER

IMPORTANT 2021 DATES

School Term dates and school events

JANUARY

FEBRUARY

MARCH

APRIL

MAY

JUNE

MY 12 MONTH PERSONAL GOALS

Write down the goals you wish to achieve in 2020/2021

HEALTH GOALS

....
....
....
....
....
....

WEALTH GOALS

....
....
....
....
....
....

SELF & HAPPINESS GOALS

....
....
....
....
....
....

What you get by achieving your goals is not as important as what you become by achieving your goals

—Henry David Thoreau

CLASS TIMETABLE Insert your class timetable here

STUDENT NAMES IN MY CLASS

1	15
2	16
3	17
4	18
5	19
6	20
7	21
8	22
9	23
10	24
11	25
12	26
13	27
14	28

12 MONTH VACATION/TRAVEL PLANNING

Write down your 2020/21 holiday plans for school holidays

TRAVEL DATES:
LOCATION:
WHAT NEEDS TO BE BOOKED OR ARRANGED?

....
....
....

TRAVEL DATES:
LOCATION
WHAT NEEDS TO BE BOOKED OR ARRANGED?

....
....
....

TRAVEL DATES:
LOCATION
WHAT NEEDS TO BE BOOKED OR ARRANGED?

....
....
....

TRAVEL DATES:
LOCATION
WHAT NEEDS TO BE BOOKED OR ARRANGED?

....
....
....

JULY 2020

Start July 2020 below

WEDNESDAY 1st JULY

....
....
....
....

┌─ OTHER NOTES/TASKS TO COMPLETE ─────────────────────────────────┐
│   │
└──┘

THURSDAY 02

....
....
....
....

┌─ OTHER NOTES/TASKS TO COMPLETE ─────────────────────────────────┐
│   │
└──┘

FRIDAY 03

....
....
....
....

SAT 04	SUN 05

JULY 2020

MONDAY   06

....
....
....
....

┌─ OTHER NOTES/TASKS TO COMPLETE ───┐
│   │
│   │
└──┘

TUESDAY   07

....
....
....
....

┌─ OTHER NOTES/TASKS TO COMPLETE ───┐
│   │
│   │
└──┘

WEDNESDAY   08

....
....
....
....

┌─ OTHER NOTES/TASKS TO COMPLETE ───┐
│   │
│   │
└──┘

THURSDAY   09

....
....
....
....

┌─ OTHER NOTES/TASKS TO COMPLETE ───┐
│   │
│   │
└──┘

FRIDAY   10

....
....
....
....

SAT 11	**SUN 12**

MONDAY - CLASS PLANNING

....
....
....
....

BEFORE OR AFTER SCHOOL ACTIVITIES

TUESDAY - CLASS PLANNING

....
....
....
....

BEFORE OR AFTER SCHOOL ACTIVITIES

WEDNESDAY - CLASS PLANNING

....
....
....
....

BEFORE OR AFTER SCHOOL ACTIVITIES

THURSDAY - CLASS PLANNING

....
....
....
....

BEFORE OR AFTER SCHOOL ACTIVITIES

FRIDAY - CLASS PLANNING

....
....
....
....

BEFORE OR AFTER SCHOOL ACTIVITIES

JULY 2020

MONDAY 13

....
....
....
....

┌─ OTHER NOTES/TASKS TO COMPLETE ─────────────────────────────────┐
│   │
│   │
└──┘

TUESDAY 14

....
....
....
....

┌─ OTHER NOTES/TASKS TO COMPLETE ─────────────────────────────────┐
│   │
│   │
└──┘

WEDNESDAY 15

....
....
....
....

┌─ OTHER NOTES/TASKS TO COMPLETE ─────────────────────────────────┐
│   │
│   │
└──┘

THURSDAY 16

....
....
....
....

┌─ OTHER NOTES/TASKS TO COMPLETE ─────────────────────────────────┐
│   │
│   │
└──┘

FRIDAY 17

....
....
....
....

SAT 18	**SUN 19**

MONDAY - CLASS PLANNING

....
....
....
....

BEFORE OR AFTER SCHOOL ACTIVITIES

TUESDAY - CLASS PLANNING

....
....
....
....
....

BEFORE OR AFTER SCHOOL ACTIVITIES

WEDNESDAY - CLASS PLANNING

....
....
....
....

BEFORE OR AFTER SCHOOL ACTIVITIES

THURSDAY - CLASS PLANNING

....
....
....
....

BEFORE OR AFTER SCHOOL ACTIVITIES

FRIDAY - CLASS PLANNING

....
....
....
....
....

BEFORE OR AFTER SCHOOL ACTIVITIES

JULY 2020

MONDAY   20

....
....
....
....

┌─ OTHER NOTES/TASKS TO COMPLETE ──────────────────────────────────┐
│   │
└──┘

TUESDAY   21

....
....
....
....

┌─ OTHER NOTES/TASKS TO COMPLETE ──────────────────────────────────┐
│   │
└──┘

WEDNESDAY   22

....
....
....
....

┌─ OTHER NOTES/TASKS TO COMPLETE ──────────────────────────────────┐
│   │
└──┘

THURSDAY   23

....
....
....
....

┌─ OTHER NOTES/TASKS TO COMPLETE ──────────────────────────────────┐
│   │
└──┘

FRIDAY   24

....
....
....
....

SAT 25	**SUN 26**

MONDAY - CLASS PLANNING

....
....
....
....

BEFORE OR AFTER SCHOOL ACTIVITIES

TUESDAY - CLASS PLANNING

....
....
....
....

BEFORE OR AFTER SCHOOL ACTIVITIES

WEDNESDAY - CLASS PLANNING

....
....
....
....

BEFORE OR AFTER SCHOOL ACTIVITIES

THURSDAY - CLASS PLANNING

....
....
....
....

BEFORE OR AFTER SCHOOL ACTIVITIES

FRIDAY - CLASS PLANNING

....
....
....
....

BEFORE OR AFTER SCHOOL ACTIVITIES

JULY 2020

MONDAY 27

....
....
....
....

┌─ OTHER NOTES/TASKS TO COMPLETE ───┐
│   │
│   │
└──┘

TUESDAY 28

....
....
....
....

┌─ OTHER NOTES/TASKS TO COMPLETE ───┐
│   │
│   │
└──┘

WEDNESDAY 29

....
....
....
....

┌─ OTHER NOTES/TASKS TO COMPLETE ───┐
│   │
│   │
└──┘

THURSDAY 30

....
....
....
....

┌─ OTHER NOTES/TASKS TO COMPLETE ───┐
│   │
│   │
└──┘

FRIDAY 31

....
....
....
....

SAT 01	**SUN 02**

MONDAY - CLASS PLANNING

....
....
....
....

BEFORE OR AFTER SCHOOL ACTIVITIES

TUESDAY - CLASS PLANNING

....
....
....
....

BEFORE OR AFTER SCHOOL ACTIVITIES

WEDNESDAY - CLASS PLANNING

....
....
....
....

BEFORE OR AFTER SCHOOL ACTIVITIES

THURSDAY - CLASS PLANNING

....
....
....
....

BEFORE OR AFTER SCHOOL ACTIVITIES

FRIDAY - CLASS PLANNING

....
....
....
....

BEFORE OR AFTER SCHOOL ACTIVITIES

AUGUST 2020

MONDAY   **03**

OTHER NOTES/TASKS TO COMPLETE

TUESDAY   **04**

OTHER NOTES/TASKS TO COMPLETE

WEDNESDAY   **05**

OTHER NOTES/TASKS TO COMPLETE

THURSDAY   **06**

OTHER NOTES/TASKS TO COMPLETE

FRIDAY   **07**

SAT 08	SUN 09

MONDAY - CLASS PLANNING

....
....
....
....

BEFORE OR AFTER SCHOOL ACTIVITIES

TUESDAY - CLASS PLANNING

....
....
....
....

BEFORE OR AFTER SCHOOL ACTIVITIES

WEDNESDAY - CLASS PLANNING

....
....
....
....

BEFORE OR AFTER SCHOOL ACTIVITIES

THURSDAY - CLASS PLANNING

....
....
....
....

BEFORE OR AFTER SCHOOL ACTIVITIES

FRIDAY - CLASS PLANNING

....
....
....
....

BEFORE OR AFTER SCHOOL ACTIVITIES

AUGUST 2020

MONDAY 10

....
....
....
....

- OTHER NOTES/TASKS TO COMPLETE

TUESDAY 11

....
....
....
....

- OTHER NOTES/TASKS TO COMPLETE

WEDNESDAY 12

....
....
....
....

- OTHER NOTES/TASKS TO COMPLETE

THURSDAY 13

....
....
....
....

- OTHER NOTES/TASKS TO COMPLETE

FRIDAY 14

....
....
....
....

SAT 15	**SUN 16**

MONDAY - CLASS PLANNING

....
....
....
....

BEFORE OR AFTER SCHOOL ACTIVITIES

TUESDAY - CLASS PLANNING

....
....
....
....
....

BEFORE OR AFTER SCHOOL ACTIVITIES

WEDNESDAY - CLASS PLANNING

....
....
....
....
....

BEFORE OR AFTER SCHOOL ACTIVITIES

THURSDAY - CLASS PLANNING

....
....
....
....
....

BEFORE OR AFTER SCHOOL ACTIVITIES

FRIDAY - CLASS PLANNING

....
....
....
....
....

BEFORE OR AFTER SCHOOL ACTIVITIES

AUGUST 2020

MONDAY 17

OTHER NOTES/TASKS TO COMPLETE

TUESDAY 18

OTHER NOTES/TASKS TO COMPLETE

WEDNESDAY 19

OTHER NOTES/TASKS TO COMPLETE

THURSDAY 20

OTHER NOTES/TASKS TO COMPLETE

FRIDAY 21

SAT 22	SUN 23

MONDAY - CLASS PLANNING

....
....
....
....

BEFORE OR AFTER SCHOOL ACTIVITIES

TUESDAY - CLASS PLANNING

....
....
....
....

BEFORE OR AFTER SCHOOL ACTIVITIES

WEDNESDAY - CLASS PLANNING

....
....
....
....

BEFORE OR AFTER SCHOOL ACTIVITIES

THURSDAY - CLASS PLANNING

....
....
....
....

BEFORE OR AFTER SCHOOL ACTIVITIES

FRIDAY - CLASS PLANNING

....
....
....
....

BEFORE OR AFTER SCHOOL ACTIVITIES

AUGUST 2020

MONDAY 24

OTHER NOTES/TASKS TO COMPLETE

TUESDAY 25

OTHER NOTES/TASKS TO COMPLETE

WEDNESDAY 26

OTHER NOTES/TASKS TO COMPLETE

THURSDAY 27

OTHER NOTES/TASKS TO COMPLETE

FRIDAY 28

SAT 29	**SUN 30**

MONDAY - CLASS PLANNING

....
....
....
....

BEFORE OR AFTER SCHOOL ACTIVITIES

TUESDAY - CLASS PLANNING

....
....
....
....

BEFORE OR AFTER SCHOOL ACTIVITIES

WEDNESDAY - CLASS PLANNING

....
....
....
....

BEFORE OR AFTER SCHOOL ACTIVITIES

THURSDAY - CLASS PLANNING

....
....
....
....

BEFORE OR AFTER SCHOOL ACTIVITIES

FRIDAY - CLASS PLANNING

....
....
....
....

BEFORE OR AFTER SCHOOL ACTIVITIES

AUGUST/SEPTEMBER 2020

MONDAY   **31**

....
....
....
....

OTHER NOTES/TASKS TO COMPLETE

TUESDAY   **01**

....
....
....
....

OTHER NOTES/TASKS TO COMPLETE

WEDNESDAY   **02**

....
....
....
....

OTHER NOTES/TASKS TO COMPLETE

THURSDAY   **03**

....
....
....
....

OTHER NOTES/TASKS TO COMPLETE

FRIDAY   **04**

....
....
....
....

SAT 05	SUN 06

MONDAY - CLASS PLANNING

....
....
....
....

BEFORE OR AFTER SCHOOL ACTIVITIES

TUESDAY - CLASS PLANNING

....
....
....
....

BEFORE OR AFTER SCHOOL ACTIVITIES

WEDNESDAY - CLASS PLANNING

....
....
....
....

BEFORE OR AFTER SCHOOL ACTIVITIES

THURSDAY - CLASS PLANNING

....
....
....
....

BEFORE OR AFTER SCHOOL ACTIVITIES

FRIDAY - CLASS PLANNING

....
....
....
....

BEFORE OR AFTER SCHOOL ACTIVITIES

SEPTEMBER 2020

MONDAY 07

....
....
....
....

OTHER NOTES/TASKS TO COMPLETE

TUESDAY 08

....
....
....
....

OTHER NOTES/TASKS TO COMPLETE

WEDNESDAY 09

....
....
....
....

OTHER NOTES/TASKS TO COMPLETE

THURSDAY 10

....
....
....
....

OTHER NOTES/TASKS TO COMPLETE

FRIDAY 11

....
....
....
....

SAT 12	SUN 13

MONDAY - CLASS PLANNING

....
....
....
....

BEFORE OR AFTER SCHOOL ACTIVITIES

TUESDAY - CLASS PLANNING

....
....
....
....
....

BEFORE OR AFTER SCHOOL ACTIVITIES

WEDNESDAY - CLASS PLANNING

....
....
....
....
....

BEFORE OR AFTER SCHOOL ACTIVITIES

THURSDAY - CLASS PLANNING

....
....
....
....
....

BEFORE OR AFTER SCHOOL ACTIVITIES

FRIDAY - CLASS PLANNING

....
....
....
....
....

BEFORE OR AFTER SCHOOL ACTIVITIES

SEPTEMBER 2020

MONDAY　　14

....
....
....
....

┌─ OTHER NOTES/TASKS TO COMPLETE ─────────────────────────┐
│   │
│   │
└──┘

TUESDAY　　15

....
....
....
....

┌─ OTHER NOTES/TASKS TO COMPLETE ─────────────────────────┐
│   │
│   │
└──┘

WEDNESDAY　　16

....
....
....
....

┌─ OTHER NOTES/TASKS TO COMPLETE ─────────────────────────┐
│   │
│   │
└──┘

THURSDAY　　17

....
....
....
....

┌─ OTHER NOTES/TASKS TO COMPLETE ─────────────────────────┐
│   │
│   │
└──┘

FRIDAY　　18

....
....
....
....

SAT 19	**SUN 20**

MONDAY - CLASS PLANNING

....
....
....
....

BEFORE OR AFTER SCHOOL ACTIVITIES

TUESDAY - CLASS PLANNING

....
....
....
....

BEFORE OR AFTER SCHOOL ACTIVITIES

WEDNESDAY - CLASS PLANNING

....
....
....
....

BEFORE OR AFTER SCHOOL ACTIVITIES

THURSDAY - CLASS PLANNING

....
....
....
....

BEFORE OR AFTER SCHOOL ACTIVITIES

FRIDAY - CLASS PLANNING

....
....
....
....

BEFORE OR AFTER SCHOOL ACTIVITIES

SEPTEMBER 2020

MONDAY   **21**

OTHER NOTES/TASKS TO COMPLETE

TUESDAY   **22**

OTHER NOTES/TASKS TO COMPLETE

WEDNESDAY   **23**

OTHER NOTES/TASKS TO COMPLETE

THURSDAY   **24**

OTHER NOTES/TASKS TO COMPLETE

FRIDAY   **25**

SAT 26	SUN 27

MONDAY - CLASS PLANNING

....
....
....
....

BEFORE OR AFTER SCHOOL ACTIVITIES

TUESDAY - CLASS PLANNING

....
....
....
....
....

BEFORE OR AFTER SCHOOL ACTIVITIES

WEDNESDAY - CLASS PLANNING

....
....
....
....
....

BEFORE OR AFTER SCHOOL ACTIVITIES

THURSDAY - CLASS PLANNING

....
....
....
....
....

BEFORE OR AFTER SCHOOL ACTIVITIES

FRIDAY - CLASS PLANNING

....
....
....
....
....

BEFORE OR AFTER SCHOOL ACTIVITIES

SEPTEMBER/OCTOBER 2020

MONDAY   28

OTHER NOTES/TASKS TO COMPLETE

TUESDAY   29

OTHER NOTES/TASKS TO COMPLETE

WEDNESDAY   30

OTHER NOTES/TASKS TO COMPLETE

THURSDAY   01

OTHER NOTES/TASKS TO COMPLETE

FRIDAY   02

SAT 03	SUN 04

MONDAY - CLASS PLANNING

....
....
....
....

BEFORE OR AFTER SCHOOL ACTIVITIES

TUESDAY - CLASS PLANNING

....
....
....
....

BEFORE OR AFTER SCHOOL ACTIVITIES

WEDNESDAY - CLASS PLANNING

....
....
....
....

BEFORE OR AFTER SCHOOL ACTIVITIES

THURSDAY - CLASS PLANNING

....
....
....
....

BEFORE OR AFTER SCHOOL ACTIVITIES

FRIDAY - CLASS PLANNING

....
....
....
....

BEFORE OR AFTER SCHOOL ACTIVITIES

OCTOBER 2020

MONDAY   **05**

....
....
....
....

OTHER NOTES/TASKS TO COMPLETE

TUESDAY   **06**

....
....
....
....

OTHER NOTES/TASKS TO COMPLETE

WEDNESDAY   **07**

....
....
....
....

OTHER NOTES/TASKS TO COMPLETE

THURSDAY   **08**

....
....
....
....

OTHER NOTES/TASKS TO COMPLETE

FRIDAY   **09**

....
....
....
....

SAT 10	SUN 11

MONDAY - CLASS PLANNING

....
....
....
....

BEFORE OR AFTER SCHOOL ACTIVITIES

TUESDAY - CLASS PLANNING

....
....
....
....
....

BEFORE OR AFTER SCHOOL ACTIVITIES

WEDNESDAY - CLASS PLANNING

....
....
....
....
....

BEFORE OR AFTER SCHOOL ACTIVITIES

THURSDAY - CLASS PLANNING

....
....
....
....
....

BEFORE OR AFTER SCHOOL ACTIVITIES

FRIDAY - CLASS PLANNING

....
....
....
....
....

BEFORE OR AFTER SCHOOL ACTIVITIES

OCTOBER 2020

MONDAY   **12**

....
....
....
....

┌─ OTHER NOTES/TASKS TO COMPLETE ─────────────────────────────┐
│   │
└───┘

TUESDAY   **13**

....
....
....
....

┌─ OTHER NOTES/TASKS TO COMPLETE ─────────────────────────────┐
│   │
└───┘

WEDNESDAY   **14**

....
....
....
....

┌─ OTHER NOTES/TASKS TO COMPLETE ─────────────────────────────┐
│   │
└───┘

THURSDAY   **15**

....
....
....
....

┌─ OTHER NOTES/TASKS TO COMPLETE ─────────────────────────────┐
│   │
└───┘

FRIDAY   **16**

....
....
....
....

SAT 17	**SUN 18**

MONDAY - CLASS PLANNING

....
....
....
....

BEFORE OR AFTER SCHOOL ACTIVITIES

TUESDAY - CLASS PLANNING

....
....
....
....

BEFORE OR AFTER SCHOOL ACTIVITIES

WEDNESDAY - CLASS PLANNING

....
....
....
....

BEFORE OR AFTER SCHOOL ACTIVITIES

THURSDAY - CLASS PLANNING

....
....
....
....

BEFORE OR AFTER SCHOOL ACTIVITIES

FRIDAY - CLASS PLANNING

....
....
....
....

BEFORE OR AFTER SCHOOL ACTIVITIES

OCTOBER 2020

MONDAY   **19**

....
....
....
....

┌─ OTHER NOTES/TASKS TO COMPLETE ─────────────────────────────────────┐
│   │
└───┘

TUESDAY   **20**

....
....
....
....

┌─ OTHER NOTES/TASKS TO COMPLETE ─────────────────────────────────────┐
│   │
└───┘

WEDNESDAY   **21**

....
....
....
....

┌─ OTHER NOTES/TASKS TO COMPLETE ─────────────────────────────────────┐
│   │
└───┘

THURSDAY   **22**

....
....
....
....

┌─ OTHER NOTES/TASKS TO COMPLETE ─────────────────────────────────────┐
│   │
└───┘

FRIDAY   **23**

....
....
....
....

SAT 24	SUN 25

MONDAY - CLASS PLANNING

....
....
....
....

BEFORE OR AFTER SCHOOL ACTIVITIES

TUESDAY - CLASS PLANNING

....
....
....
....

BEFORE OR AFTER SCHOOL ACTIVITIES

WEDNESDAY - CLASS PLANNING

....
....
....
....

BEFORE OR AFTER SCHOOL ACTIVITIES

THURSDAY - CLASS PLANNING

....
....
....
....

BEFORE OR AFTER SCHOOL ACTIVITIES

FRIDAY - CLASS PLANNING

....
....
....
....

BEFORE OR AFTER SCHOOL ACTIVITIES

OCTOBER 2020

MONDAY 26

OTHER NOTES/TASKS TO COMPLETE

TUESDAY 27

OTHER NOTES/TASKS TO COMPLETE

WEDNESDAY 28

OTHER NOTES/TASKS TO COMPLETE

THURSDAY 29

OTHER NOTES/TASKS TO COMPLETE

FRIDAY 30

SAT 31	SUN 01

MONDAY - CLASS PLANNING

....
....
....
....

BEFORE OR AFTER SCHOOL ACTIVITIES

TUESDAY - CLASS PLANNING

....
....
....
....

BEFORE OR AFTER SCHOOL ACTIVITIES

WEDNESDAY - CLASS PLANNING

....
....
....
....

BEFORE OR AFTER SCHOOL ACTIVITIES

THURSDAY - CLASS PLANNING

....
....
....
....

BEFORE OR AFTER SCHOOL ACTIVITIES

FRIDAY - CLASS PLANNING

....
....
....
....

BEFORE OR AFTER SCHOOL ACTIVITIES

NOVEMBER 2020

MONDAY   **02**

....
....
....
....

┌─ OTHER NOTES/TASKS TO COMPLETE ─────────────────────────────────────┐
│   │
└──┘

TUESDAY   **03**

....
....
....
....

┌─ OTHER NOTES/TASKS TO COMPLETE ─────────────────────────────────────┐
│   │
└──┘

WEDNESDAY   **04**

....
....
....
....

┌─ OTHER NOTES/TASKS TO COMPLETE ─────────────────────────────────────┐
│   │
└──┘

THURSDAY   **05**

....
....
....
....

┌─ OTHER NOTES/TASKS TO COMPLETE ─────────────────────────────────────┐
│   │
└──┘

FRIDAY   **06**

....
....
....
....

SAT 07	**SUN 08**

MONDAY - CLASS PLANNING

....
....
....
....

BEFORE OR AFTER SCHOOL ACTIVITIES

TUESDAY - CLASS PLANNING

....
....
....
....

BEFORE OR AFTER SCHOOL ACTIVITIES

WEDNESDAY - CLASS PLANNING

....
....
....
....

BEFORE OR AFTER SCHOOL ACTIVITIES

THURSDAY - CLASS PLANNING

....
....
....
....

BEFORE OR AFTER SCHOOL ACTIVITIES

FRIDAY - CLASS PLANNING

....
....
....
....

BEFORE OR AFTER SCHOOL ACTIVITIES

NOVEMBER 2020

MONDAY 09

OTHER NOTES/TASKS TO COMPLETE

TUESDAY 10

OTHER NOTES/TASKS TO COMPLETE

WEDNESDAY 11

OTHER NOTES/TASKS TO COMPLETE

THURSDAY 12

OTHER NOTES/TASKS TO COMPLETE

FRIDAY 13

SAT 14	SUN 15

MONDAY - CLASS PLANNING

....
....
....
....

BEFORE OR AFTER SCHOOL ACTIVITIES

TUESDAY - CLASS PLANNING

....
....
....
....

BEFORE OR AFTER SCHOOL ACTIVITIES

WEDNESDAY - CLASS PLANNING

....
....
....
....

BEFORE OR AFTER SCHOOL ACTIVITIES

THURSDAY - CLASS PLANNING

....
....
....
....

BEFORE OR AFTER SCHOOL ACTIVITIES

FRIDAY - CLASS PLANNING

....
....
....
....

BEFORE OR AFTER SCHOOL ACTIVITIES

NOVEMBER 2020

MONDAY 16

....
....
....
....

┌─ OTHER NOTES/TASKS TO COMPLETE ─────────────────────────────────┐
│   │
│   │
└──┘

TUESDAY 17

....
....
....
....

┌─ OTHER NOTES/TASKS TO COMPLETE ─────────────────────────────────┐
│   │
│   │
└──┘

WEDNESDAY 18

....
....
....
....

┌─ OTHER NOTES/TASKS TO COMPLETE ─────────────────────────────────┐
│   │
│   │
└──┘

THURSDAY 19

....
....
....
....

┌─ OTHER NOTES/TASKS TO COMPLETE ─────────────────────────────────┐
│   │
│   │
└──┘

FRIDAY 20

....
....
....
....

SAT 21	SUN 22

MONDAY - CLASS PLANNING

....
....
....
....
....

BEFORE OR AFTER SCHOOL ACTIVITIES

TUESDAY - CLASS PLANNING

....
....
....
....
....

BEFORE OR AFTER SCHOOL ACTIVITIES

WEDNESDAY - CLASS PLANNING

....
....
....
....
....

BEFORE OR AFTER SCHOOL ACTIVITIES

THURSDAY - CLASS PLANNING

....
....
....
....
....

BEFORE OR AFTER SCHOOL ACTIVITIES

FRIDAY - CLASS PLANNING

....
....
....
....
....

BEFORE OR AFTER SCHOOL ACTIVITIES

NOVEMBER 2020

MONDAY   **23**

....
....
....
....

┌─ OTHER NOTES/TASKS TO COMPLETE ───┐
│   │
└──┘

TUESDAY   **24**

....
....
....
....

┌─ OTHER NOTES/TASKS TO COMPLETE ───┐
│   │
└──┘

WEDNESDAY   **25**

....
....
....
....

┌─ OTHER NOTES/TASKS TO COMPLETE ───┐
│   │
└──┘

THURSDAY   **26**

....
....
....
....

┌─ OTHER NOTES/TASKS TO COMPLETE ───┐
│   │
└──┘

FRIDAY   **27**

....
....
....
....

SAT 28	**SUN 29**

MONDAY - CLASS PLANNING

....
....
....
....

BEFORE OR AFTER SCHOOL ACTIVITIES

TUESDAY - CLASS PLANNING

....
....
....
....
....

BEFORE OR AFTER SCHOOL ACTIVITIES

WEDNESDAY - CLASS PLANNING

....
....
....
....
....

BEFORE OR AFTER SCHOOL ACTIVITIES

THURSDAY - CLASS PLANNING

....
....
....
....
....

BEFORE OR AFTER SCHOOL ACTIVITIES

FRIDAY - CLASS PLANNING

....
....
....
....
....

BEFORE OR AFTER SCHOOL ACTIVITIES

NOVEMBER/DECEMBER 2020

MONDAY   **30**

....
....
....
....

OTHER NOTES/TASKS TO COMPLETE

TUESDAY   **01**

....
....
....
....

OTHER NOTES/TASKS TO COMPLETE

WEDNESDAY   **02**

....
....
....
....

OTHER NOTES/TASKS TO COMPLETE

THURSDAY   **03**

....
....
....
....

OTHER NOTES/TASKS TO COMPLETE

FRIDAY   **04**

....
....
....
....

SAT 05	**SUN 06**

MONDAY - CLASS PLANNING

....
....
....
....
....

BEFORE OR AFTER SCHOOL ACTIVITIES

TUESDAY - CLASS PLANNING

....
....
....
....
....

BEFORE OR AFTER SCHOOL ACTIVITIES

WEDNESDAY - CLASS PLANNING

....
....
....
....
....

BEFORE OR AFTER SCHOOL ACTIVITIES

THURSDAY - CLASS PLANNING

....
....
....
....
....

BEFORE OR AFTER SCHOOL ACTIVITIES

FRIDAY - CLASS PLANNING

....
....
....
....
....

BEFORE OR AFTER SCHOOL ACTIVITIES

DECEMBER 2020

MONDAY 07

OTHER NOTES/TASKS TO COMPLETE

TUESDAY 08

OTHER NOTES/TASKS TO COMPLETE

WEDNESDAY 09

OTHER NOTES/TASKS TO COMPLETE

THURSDAY 10

OTHER NOTES/TASKS TO COMPLETE

FRIDAY 11

| SAT 12 | SUN 13 |

MONDAY - CLASS PLANNING

....
....
....
....

BEFORE OR AFTER SCHOOL ACTIVITIES

TUESDAY - CLASS PLANNING

....
....
....
....

BEFORE OR AFTER SCHOOL ACTIVITIES

WEDNESDAY - CLASS PLANNING

....
....
....
....

BEFORE OR AFTER SCHOOL ACTIVITIES

THURSDAY - CLASS PLANNING

....
....
....
....

BEFORE OR AFTER SCHOOL ACTIVITIES

FRIDAY - CLASS PLANNING

....
....
....
....

BEFORE OR AFTER SCHOOL ACTIVITIES

DECEMBER 2020

MONDAY   **14**

....
....
....
....

┌─ OTHER NOTES/TASKS TO COMPLETE ─────────────────────────────────┐
│   │
└──┘

TUESDAY   **15**

....
....
....
....

┌─ OTHER NOTES/TASKS TO COMPLETE ─────────────────────────────────┐
│   │
└──┘

WEDNESDAY   **16**

....
....
....
....

┌─ OTHER NOTES/TASKS TO COMPLETE ─────────────────────────────────┐
│   │
└──┘

THURSDAY   **17**

....
....
....
....

┌─ OTHER NOTES/TASKS TO COMPLETE ─────────────────────────────────┐
│   │
└──┘

FRIDAY   **18**

....
....
....
....

SAT 19	**SUN 20**

MONDAY - CLASS PLANNING

....
....
....
....

BEFORE OR AFTER SCHOOL ACTIVITIES

TUESDAY - CLASS PLANNING

....
....
....
....

BEFORE OR AFTER SCHOOL ACTIVITIES

WEDNESDAY - CLASS PLANNING

....
....
....
....

BEFORE OR AFTER SCHOOL ACTIVITIES

THURSDAY - CLASS PLANNING

....
....
....
....

BEFORE OR AFTER SCHOOL ACTIVITIES

FRIDAY - CLASS PLANNING

....
....
....
....

BEFORE OR AFTER SCHOOL ACTIVITIES

DECEMBER 2020

MONDAY   **21**

OTHER NOTES/TASKS TO COMPLETE

TUESDAY   **22**

OTHER NOTES/TASKS TO COMPLETE

WEDNESDAY   **23**

OTHER NOTES/TASKS TO COMPLETE

THURSDAY   **24**

OTHER NOTES/TASKS TO COMPLETE

FRIDAY   **25**

SAT 26	SUN 27

MONDAY - CLASS PLANNING

....
....
....
....

BEFORE OR AFTER SCHOOL ACTIVITIES

TUESDAY - CLASS PLANNING

....
....
....
....

BEFORE OR AFTER SCHOOL ACTIVITIES

WEDNESDAY - CLASS PLANNING

....
....
....
....

BEFORE OR AFTER SCHOOL ACTIVITIES

THURSDAY - CLASS PLANNING

....
....
....
....

BEFORE OR AFTER SCHOOL ACTIVITIES

FRIDAY - CLASS PLANNING

....
....
....
....

BEFORE OR AFTER SCHOOL ACTIVITIES

DECEMBER 2020/JANUARY 2021

MONDAY 28

··
··
··
··

┌─ OTHER NOTES/TASKS TO COMPLETE ───┐
│   │
└──┘

TUESDAY 29

··
··
··
··

┌─ OTHER NOTES/TASKS TO COMPLETE ───┐
│   │
└──┘

WEDNESDAY 30

··
··
··
··

┌─ OTHER NOTES/TASKS TO COMPLETE ───┐
│   │
└──┘

THURSDAY 31

··
··
··
··

┌─ OTHER NOTES/TASKS TO COMPLETE ───┐
│   │
└──┘

FRIDAY 01 *HAPPY New Year!*

··
··
··
··

SAT 02	**SUN 03**

MONDAY - CLASS PLANNING

....
....
....
....
....

BEFORE OR AFTER SCHOOL ACTIVITIES

TUESDAY - CLASS PLANNING

....
....
....
....
....

BEFORE OR AFTER SCHOOL ACTIVITIES

WEDNESDAY - CLASS PLANNING

....
....
....
....
....

BEFORE OR AFTER SCHOOL ACTIVITIES

THURSDAY - CLASS PLANNING

....
....
....
....
....

BEFORE OR AFTER SCHOOL ACTIVITIES

FRIDAY - CLASS PLANNING

....
....
....
....
....

BEFORE OR AFTER SCHOOL ACTIVITIES

JANUARY 2021

MONDAY   **04**

....
....
....
....

OTHER NOTES/TASKS TO COMPLETE

TUESDAY   **05**

....
....
....
....

OTHER NOTES/TASKS TO COMPLETE

WEDNESDAY   **06**

....
....
....
....

OTHER NOTES/TASKS TO COMPLETE

THURSDAY   **07**

....
....
....
....

OTHER NOTES/TASKS TO COMPLETE

FRIDAY   **08**

....
....
....
....

SAT 09	**SUN 10**

MONDAY - CLASS PLANNING

....
....
....
....

BEFORE OR AFTER SCHOOL ACTIVITIES

TUESDAY - CLASS PLANNING

....
....
....
....

BEFORE OR AFTER SCHOOL ACTIVITIES

WEDNESDAY - CLASS PLANNING

....
....
....
....

BEFORE OR AFTER SCHOOL ACTIVITIES

THURSDAY - CLASS PLANNING

....
....
....
....

BEFORE OR AFTER SCHOOL ACTIVITIES

FRIDAY - CLASS PLANNING

....
....
....
....

BEFORE OR AFTER SCHOOL ACTIVITIES

JANUARY 2021

MONDAY   **11**

....
....
....
....

OTHER NOTES/TASKS TO COMPLETE

TUESDAY   **12**

....
....
....
....

OTHER NOTES/TASKS TO COMPLETE

WEDNESDAY   **13**

....
....
....
....

OTHER NOTES/TASKS TO COMPLETE

THURSDAY   **14**

....
....
....
....

OTHER NOTES/TASKS TO COMPLETE

FRIDAY   **15**

....
....
....
....

SAT 16	**SUN 17**

MONDAY - CLASS PLANNING

....
....
....
....

BEFORE OR AFTER SCHOOL ACTIVITIES

TUESDAY - CLASS PLANNING

....
....
....
....
....

BEFORE OR AFTER SCHOOL ACTIVITIES

WEDNESDAY - CLASS PLANNING

....
....
....
....
....

BEFORE OR AFTER SCHOOL ACTIVITIES

THURSDAY - CLASS PLANNING

....
....
....
....
....

BEFORE OR AFTER SCHOOL ACTIVITIES

FRIDAY - CLASS PLANNING

....
....
....
....
....

BEFORE OR AFTER SCHOOL ACTIVITIES

JANUARY 2021

MONDAY   **18**

....
....
....
....

┌─ OTHER NOTES/TASKS TO COMPLETE ─────────────────────────────────┐
│   │
└──┘

TUESDAY   **19**

....
....
....
....

┌─ OTHER NOTES/TASKS TO COMPLETE ─────────────────────────────────┐
│   │
└──┘

WEDNESDAY   **20**

....
....
....
....

┌─ OTHER NOTES/TASKS TO COMPLETE ─────────────────────────────────┐
│   │
└──┘

THURSDAY   **21**

....
....
....
....

┌─ OTHER NOTES/TASKS TO COMPLETE ─────────────────────────────────┐
│   │
└──┘

FRIDAY   **22**

....
....
....
....

SAT 23	**SUN 24**

MONDAY - CLASS PLANNING

....
....
....
....

BEFORE OR AFTER SCHOOL ACTIVITIES

TUESDAY - CLASS PLANNING

....
....
....
....
....

BEFORE OR AFTER SCHOOL ACTIVITIES

WEDNESDAY - CLASS PLANNING

....
....
....
....
....

BEFORE OR AFTER SCHOOL ACTIVITIES

THURSDAY - CLASS PLANNING

....
....
....
....
....

BEFORE OR AFTER SCHOOL ACTIVITIES

FRIDAY - CLASS PLANNING

....
....
....
....
....

BEFORE OR AFTER SCHOOL ACTIVITIES

JANUARY 2020

MONDAY 25

....
....
....
....

┌─ OTHER NOTES/TASKS TO COMPLETE ─────────────────────┐
│   │
└──┘

TUESDAY 26

....
....
....
....

┌─ OTHER NOTES/TASKS TO COMPLETE ─────────────────────┐
│   │
└──┘

WEDNESDAY 27

....
....
....
....

┌─ OTHER NOTES/TASKS TO COMPLETE ─────────────────────┐
│   │
└──┘

THURSDAY 28

....
....
....
....

┌─ OTHER NOTES/TASKS TO COMPLETE ─────────────────────┐
│   │
└──┘

FRIDAY 29

....
....
....
....

SAT 30	**SUN 31**

MONDAY - CLASS PLANNING

....
....
....
....
....

BEFORE OR AFTER SCHOOL ACTIVITIES

TUESDAY - CLASS PLANNING

....
....
....
....
....

BEFORE OR AFTER SCHOOL ACTIVITIES

WEDNESDAY - CLASS PLANNING

....
....
....
....
....

BEFORE OR AFTER SCHOOL ACTIVITIES

THURSDAY - CLASS PLANNING

....
....
....
....
....

BEFORE OR AFTER SCHOOL ACTIVITIES

FRIDAY - CLASS PLANNING

....
....
....
....
....

BEFORE OR AFTER SCHOOL ACTIVITIES

FEBRUARY 2020

MONDAY   **01**

OTHER NOTES/TASKS TO COMPLETE

TUESDAY   **02**

OTHER NOTES/TASKS TO COMPLETE

WEDNESDAY **03**

OTHER NOTES/TASKS TO COMPLETE

THURSDAY   **04**

OTHER NOTES/TASKS TO COMPLETE

FRIDAY   **05**

SAT 06	**SUN 07**

MONDAY - CLASS PLANNING

....
....
....
....

BEFORE OR AFTER SCHOOL ACTIVITIES

TUESDAY - CLASS PLANNING

....
....
....
....

BEFORE OR AFTER SCHOOL ACTIVITIES

WEDNESDAY - CLASS PLANNING

....
....
....
....

BEFORE OR AFTER SCHOOL ACTIVITIES

THURSDAY - CLASS PLANNING

....
....
....
....

BEFORE OR AFTER SCHOOL ACTIVITIES

FRIDAY - CLASS PLANNING

....
....
....
....

BEFORE OR AFTER SCHOOL ACTIVITIES

FEBRUARY 2021

MONDAY   **08**

....
....
....
....

OTHER NOTES/TASKS TO COMPLETE

TUESDAY   **09**

....
....
....
....

OTHER NOTES/TASKS TO COMPLETE

WEDNESDAY   **10**

....
....
....
....

OTHER NOTES/TASKS TO COMPLETE

THURSDAY   **11**

....
....
....
....

OTHER NOTES/TASKS TO COMPLETE

FRIDAY   **12**

....
....
....
....

SAT 13	**SUN 14**

MONDAY - CLASS PLANNING

....
....
....
....

BEFORE OR AFTER SCHOOL ACTIVITIES

TUESDAY - CLASS PLANNING

....
....
....
....
....

BEFORE OR AFTER SCHOOL ACTIVITIES

WEDNESDAY - CLASS PLANNING

....
....
....
....
....

BEFORE OR AFTER SCHOOL ACTIVITIES

THURSDAY - CLASS PLANNING

....
....
....
....
....

BEFORE OR AFTER SCHOOL ACTIVITIES

FRIDAY - CLASS PLANNING

....
....
....
....
....

BEFORE OR AFTER SCHOOL ACTIVITIES

FEBRUARY 2021

MONDAY   **15**

....
....
....
....

OTHER NOTES/TASKS TO COMPLETE

TUESDAY   **16**

....
....
....
....

OTHER NOTES/TASKS TO COMPLETE

WEDNESDAY   **17**

....
....
....
....

OTHER NOTES/TASKS TO COMPLETE

THURSDAY   **18**

....
....
....
....

OTHER NOTES/TASKS TO COMPLETE

FRIDAY   **19**

....
....
....
....

SAT 20	**SUN 21**

MONDAY - CLASS PLANNING

....
....
....
....

BEFORE OR AFTER SCHOOL ACTIVITIES

TUESDAY - CLASS PLANNING

....
....
....
....

BEFORE OR AFTER SCHOOL ACTIVITIES

WEDNESDAY - CLASS PLANNING

....
....
....
....

BEFORE OR AFTER SCHOOL ACTIVITIES

THURSDAY - CLASS PLANNING

....
....
....
....

BEFORE OR AFTER SCHOOL ACTIVITIES

FRIDAY - CLASS PLANNING

....
....
....
....

BEFORE OR AFTER SCHOOL ACTIVITIES

FEBRUARY 2021

MONDAY   **22**

....
....
....
....

OTHER NOTES/TASKS TO COMPLETE

TUESDAY   **23**

....
....
....
....

OTHER NOTES/TASKS TO COMPLETE

WEDNESDAY   **24**

....
....
....
....

OTHER NOTES/TASKS TO COMPLETE

THURSDAY   **25**

....
....
....
....

OTHER NOTES/TASKS TO COMPLETE

FRIDAY   **26**

....
....
....
....

SAT 27	**SUN 28**

MONDAY - CLASS PLANNING

....
....
....
....
....

BEFORE OR AFTER SCHOOL ACTIVITIES

TUESDAY - CLASS PLANNING

....
....
....
....
....

BEFORE OR AFTER SCHOOL ACTIVITIES

WEDNESDAY - CLASS PLANNING

....
....
....
....
....

BEFORE OR AFTER SCHOOL ACTIVITIES

THURSDAY - CLASS PLANNING

....
....
....
....
....

BEFORE OR AFTER SCHOOL ACTIVITIES

FRIDAY - CLASS PLANNING

....
....
....
....
....

BEFORE OR AFTER SCHOOL ACTIVITIES

MARCH 2021

MONDAY 01

....
....
....
....

┌─ OTHER NOTES/TASKS TO COMPLETE ───┐
│   │
└──┘

TUESDAY 02

....
....
....
....

┌─ OTHER NOTES/TASKS TO COMPLETE ───┐
│   │
└──┘

WEDNESDAY 03

....
....
....
....

┌─ OTHER NOTES/TASKS TO COMPLETE ───┐
│   │
└──┘

THURSDAY 04

....
....
....
....

┌─ OTHER NOTES/TASKS TO COMPLETE ───┐
│   │
└──┘

FRIDAY 05

....
....
....
....

SAT 06	**SUN 07**

MONDAY - CLASS PLANNING

....
....
....
....

BEFORE OR AFTER SCHOOL ACTIVITIES

TUESDAY - CLASS PLANNING

....
....
....
....
....

BEFORE OR AFTER SCHOOL ACTIVITIES

WEDNESDAY - CLASS PLANNING

....
....
....
....
....

BEFORE OR AFTER SCHOOL ACTIVITIES

THURSDAY - CLASS PLANNING

....
....
....
....
....

BEFORE OR AFTER SCHOOL ACTIVITIES

FRIDAY - CLASS PLANNING

....
....
....
....
....

BEFORE OR AFTER SCHOOL ACTIVITIES

MARCH 2021

MONDAY   **08**

....
....
....
....

┌─ OTHER NOTES/TASKS TO COMPLETE ─────────────────────────┐
│   │
└──┘

TUESDAY   **09**

....
....
....
....

┌─ OTHER NOTES/TASKS TO COMPLETE ─────────────────────────┐
│   │
└──┘

WEDNESDAY   **10**

....
....
....
....

┌─ OTHER NOTES/TASKS TO COMPLETE ─────────────────────────┐
│   │
└──┘

THURSDAY   **11**

....
....
....
....

┌─ OTHER NOTES/TASKS TO COMPLETE ─────────────────────────┐
│   │
└──┘

FRIDAY   **12**

....
....
....
....

SAT 13	**SUN 14**

MONDAY - CLASS PLANNING

....
....
....
....

BEFORE OR AFTER SCHOOL ACTIVITIES

TUESDAY - CLASS PLANNING

....
....
....
....

BEFORE OR AFTER SCHOOL ACTIVITIES

WEDNESDAY - CLASS PLANNING

....
....
....
....

BEFORE OR AFTER SCHOOL ACTIVITIES

THURSDAY - CLASS PLANNING

....
....
....
....

BEFORE OR AFTER SCHOOL ACTIVITIES

FRIDAY - CLASS PLANNING

....
....
....
....

BEFORE OR AFTER SCHOOL ACTIVITIES

MARCH 2021

MONDAY 15

....
....
....
....

┌─ OTHER NOTES/TASKS TO COMPLETE ──┐
│   │
│   │
└──┘

TUESDAY 16

....
....
....
....

┌─ OTHER NOTES/TASKS TO COMPLETE ──┐
│   │
│   │
└──┘

WEDNESDAY 17

....
....
....
....

┌─ OTHER NOTES/TASKS TO COMPLETE ──┐
│   │
│   │
└──┘

THURSDAY 18

....
....
....
....

┌─ OTHER NOTES/TASKS TO COMPLETE ──┐
│   │
│   │
└──┘

FRIDAY 19

....
....
....
....

SAT 20	**SUN 21**

MONDAY - CLASS PLANNING

....
....
....
....

BEFORE OR AFTER SCHOOL ACTIVITIES

TUESDAY - CLASS PLANNING

....
....
....
....
....

BEFORE OR AFTER SCHOOL ACTIVITIES

WEDNESDAY - CLASS PLANNING

....
....
....
....
....

BEFORE OR AFTER SCHOOL ACTIVITIES

THURSDAY - CLASS PLANNING

....
....
....
....
....

BEFORE OR AFTER SCHOOL ACTIVITIES

FRIDAY - CLASS PLANNING

....
....
....
....
....

BEFORE OR AFTER SCHOOL ACTIVITIES

MARCH 2021

MONDAY   22

....
....
....
....

┌─ OTHER NOTES/TASKS TO COMPLETE ─────────────────────────────┐
│   │
└───┘

TUESDAY   23

....
....
....
....

┌─ OTHER NOTES/TASKS TO COMPLETE ─────────────────────────────┐
│   │
└───┘

WEDNESDAY   24

....
....
....
....

┌─ OTHER NOTES/TASKS TO COMPLETE ─────────────────────────────┐
│   │
└───┘

THURSDAY   25

....
....
....
....

┌─ OTHER NOTES/TASKS TO COMPLETE ─────────────────────────────┐
│   │
└───┘

FRIDAY   26

....
....
....
....

SAT 27	**SUN 28**

MONDAY - CLASS PLANNING

....
....
....
....

BEFORE OR AFTER SCHOOL ACTIVITIES

TUESDAY - CLASS PLANNING

....
....
....
....
....

BEFORE OR AFTER SCHOOL ACTIVITIES

WEDNESDAY - CLASS PLANNING

....
....
....
....

BEFORE OR AFTER SCHOOL ACTIVITIES

THURSDAY - CLASS PLANNING

....
....
....
....

BEFORE OR AFTER SCHOOL ACTIVITIES

FRIDAY - CLASS PLANNING

....
....
....
....

BEFORE OR AFTER SCHOOL ACTIVITIES

MARCH/APRIL 2021

MONDAY   29

....
....
....
....

OTHER NOTES/TASKS TO COMPLETE

TUESDAY   30

....
....
....
....

OTHER NOTES/TASKS TO COMPLETE

WEDNESDAY   31

....
....
....
....

OTHER NOTES/TASKS TO COMPLETE

THURSDAY   01 APRIL

....
....
....
....

OTHER NOTES/TASKS TO COMPLETE

FRIDAY   02

....
....
....
....

SAT 03	SUN 04

MONDAY - CLASS PLANNING

....
....
....
....

BEFORE OR AFTER SCHOOL ACTIVITIES

TUESDAY - CLASS PLANNING

....
....
....
....

BEFORE OR AFTER SCHOOL ACTIVITIES

WEDNESDAY - CLASS PLANNING

....
....
....
....

BEFORE OR AFTER SCHOOL ACTIVITIES

THURSDAY - CLASS PLANNING

....
....
....
....

BEFORE OR AFTER SCHOOL ACTIVITIES

FRIDAY - CLASS PLANNING

....
....
....
....

BEFORE OR AFTER SCHOOL ACTIVITIES

APRIL 2021

MONDAY   **05**

....
....
....
....

┌─ OTHER NOTES/TASKS TO COMPLETE ──┐
│   │
└──┘

TUESDAY   **06**

....
....
....
....

┌─ OTHER NOTES/TASKS TO COMPLETE ──┐
│   │
└──┘

WEDNESDAY   **07**

....
....
....
....

┌─ OTHER NOTES/TASKS TO COMPLETE ──┐
│   │
└──┘

THURSDAY   **08**

....
....
....
....

┌─ OTHER NOTES/TASKS TO COMPLETE ──┐
│   │
└──┘

FRIDAY   **09**

....
....
....
....

SAT 10	**SUN 11**

MONDAY - CLASS PLANNING

....
....
....
....
....

BEFORE OR AFTER SCHOOL ACTIVITIES

TUESDAY - CLASS PLANNING

....
....
....
....
....

BEFORE OR AFTER SCHOOL ACTIVITIES

WEDNESDAY - CLASS PLANNING

....
....
....
....
....

BEFORE OR AFTER SCHOOL ACTIVITIES

THURSDAY - CLASS PLANNING

....
....
....
....
....

BEFORE OR AFTER SCHOOL ACTIVITIES

FRIDAY - CLASS PLANNING

....
....
....
....
....

BEFORE OR AFTER SCHOOL ACTIVITIES

APRIL 2021

MONDAY   **12**

....
....
....
....

OTHER NOTES/TASKS TO COMPLETE

TUESDAY   **13**

....
....
....
....

OTHER NOTES/TASKS TO COMPLETE

WEDNESDAY   **14**

....
....
....
....

OTHER NOTES/TASKS TO COMPLETE

THURSDAY   **15**

....
....
....
....

OTHER NOTES/TASKS TO COMPLETE

FRIDAY   **16**

....
....
....
....

SAT 17	**SUN 18**

MONDAY - CLASS PLANNING

....
....
....
....

BEFORE OR AFTER SCHOOL ACTIVITIES

TUESDAY - CLASS PLANNING

....
....
....
....

BEFORE OR AFTER SCHOOL ACTIVITIES

WEDNESDAY - CLASS PLANNING

....
....
....
....

BEFORE OR AFTER SCHOOL ACTIVITIES

THURSDAY - CLASS PLANNING

....
....
....
....

BEFORE OR AFTER SCHOOL ACTIVITIES

FRIDAY - CLASS PLANNING

....
....
....
....

BEFORE OR AFTER SCHOOL ACTIVITIES

APRIL 2021

MONDAY   **19**

....
....
....
....

OTHER NOTES/TASKS TO COMPLETE

TUESDAY   **20**

....
....
....
....

OTHER NOTES/TASKS TO COMPLETE

WEDNESDAY   **21**

....
....
....
....

OTHER NOTES/TASKS TO COMPLETE

THURSDAY   **22**

....
....
....
....

OTHER NOTES/TASKS TO COMPLETE

FRIDAY   **23**

....
....
....
....

SAT 24	SUN 25

MONDAY - CLASS PLANNING

....
....
....
....

BEFORE OR AFTER SCHOOL ACTIVITIES

TUESDAY - CLASS PLANNING

....
....
....
....

BEFORE OR AFTER SCHOOL ACTIVITIES

WEDNESDAY - CLASS PLANNING

....
....
....
....

BEFORE OR AFTER SCHOOL ACTIVITIES

THURSDAY - CLASS PLANNING

....
....
....
....

BEFORE OR AFTER SCHOOL ACTIVITIES

FRIDAY - CLASS PLANNING

....
....
....
....

BEFORE OR AFTER SCHOOL ACTIVITIES

APRIL/MAY 2021

MONDAY **26**

....
....
....
....

OTHER NOTES/TASKS TO COMPLETE

TUESDAY **27**

....
....
....
....

OTHER NOTES/TASKS TO COMPLETE

WEDNESDAY **28**

....
....
....
....

OTHER NOTES/TASKS TO COMPLETE

THURSDAY **29**

....
....
....
....

OTHER NOTES/TASKS TO COMPLETE

FRIDAY **30**

....
....
....
....

SAT 01	SUN 02

MONDAY - CLASS PLANNING

....
....
....
....

BEFORE OR AFTER SCHOOL ACTIVITIES

TUESDAY - CLASS PLANNING

....
....
....
....

BEFORE OR AFTER SCHOOL ACTIVITIES

WEDNESDAY - CLASS PLANNING

....
....
....
....

BEFORE OR AFTER SCHOOL ACTIVITIES

THURSDAY - CLASS PLANNING

....
....
....
....

BEFORE OR AFTER SCHOOL ACTIVITIES

FRIDAY - CLASS PLANNING

....
....
....
....

BEFORE OR AFTER SCHOOL ACTIVITIES

MAY 2021

MONDAY   **03**

....
....
....
....

OTHER NOTES/TASKS TO COMPLETE

TUESDAY   **04**

....
....
....
....

OTHER NOTES/TASKS TO COMPLETE

WEDNESDAY   **05**

....
....
....
....

OTHER NOTES/TASKS TO COMPLETE

THURSDAY   **06**

....
....
....
....

OTHER NOTES/TASKS TO COMPLETE

FRIDAY   **07**

....
....
....
....

SAT 08	SUN 09

MONDAY - CLASS PLANNING

....
....
....
....
....

BEFORE OR AFTER SCHOOL ACTIVITIES

TUESDAY - CLASS PLANNING

....
....
....
....
....

BEFORE OR AFTER SCHOOL ACTIVITIES

WEDNESDAY - CLASS PLANNING

....
....
....
....
....

BEFORE OR AFTER SCHOOL ACTIVITIES

THURSDAY - CLASS PLANNING

....
....
....
....
....

BEFORE OR AFTER SCHOOL ACTIVITIES

FRIDAY - CLASS PLANNING

....
....
....
....
....

BEFORE OR AFTER SCHOOL ACTIVITIES

MAY 2021

MONDAY   **10**

....
....
....
....

OTHER NOTES/TASKS TO COMPLETE

TUESDAY   **11**

....
....
....
....

OTHER NOTES/TASKS TO COMPLETE

WEDNESDAY   **12**

....
....
....
....

OTHER NOTES/TASKS TO COMPLETE

THURSDAY   **13**

....
....
....
....

OTHER NOTES/TASKS TO COMPLETE

FRIDAY   **14**

....
....
....
....

SAT 15	**SUN 16**

MONDAY - CLASS PLANNING

....
....
....
....

BEFORE OR AFTER SCHOOL ACTIVITIES

TUESDAY - CLASS PLANNING

....
....
....
....

BEFORE OR AFTER SCHOOL ACTIVITIES

WEDNESDAY - CLASS PLANNING

....
....
....
....

BEFORE OR AFTER SCHOOL ACTIVITIES

THURSDAY - CLASS PLANNING

....
....
....
....

BEFORE OR AFTER SCHOOL ACTIVITIES

FRIDAY - CLASS PLANNING

....
....
....
....

BEFORE OR AFTER SCHOOL ACTIVITIES

MAY 2021

MONDAY   **17**

....
....
....
....

┌─ OTHER NOTES/TASKS TO COMPLETE ─────────────────────────────────────┐
│   │
└──┘

TUESDAY   **18**

....
....
....
....

┌─ OTHER NOTES/TASKS TO COMPLETE ─────────────────────────────────────┐
│   │
└──┘

WEDNESDAY   **19**

....
....
....
....

┌─ OTHER NOTES/TASKS TO COMPLETE ─────────────────────────────────────┐
│   │
└──┘

THURSDAY   **20**

....
....
....
....

┌─ OTHER NOTES/TASKS TO COMPLETE ─────────────────────────────────────┐
│   │
└──┘

FRIDAY   **21**

....
....
....
....

SAT 22	**SUN 23**

MONDAY - CLASS PLANNING

....
....
....
....
....

BEFORE OR AFTER SCHOOL ACTIVITIES

TUESDAY - CLASS PLANNING

....
....
....
....
....

BEFORE OR AFTER SCHOOL ACTIVITIES

WEDNESDAY - CLASS PLANNING

....
....
....
....
....

BEFORE OR AFTER SCHOOL ACTIVITIES

THURSDAY - CLASS PLANNING

....
....
....
....
....

BEFORE OR AFTER SCHOOL ACTIVITIES

FRIDAY - CLASS PLANNING

....
....
....
....
....

BEFORE OR AFTER SCHOOL ACTIVITIES

MAY 2021

MONDAY   **24**

....
....
....
....

OTHER NOTES/TASKS TO COMPLETE

TUESDAY   **25**

....
....
....
....

OTHER NOTES/TASKS TO COMPLETE

WEDNESDAY   **26**

....
....
....
....

OTHER NOTES/TASKS TO COMPLETE

THURSDAY   **27**

....
....
....
....

OTHER NOTES/TASKS TO COMPLETE

FRIDAY   **28**

....
....
....
....

SAT 29	SUN 30

MONDAY - CLASS PLANNING

....
....
....
....

BEFORE OR AFTER SCHOOL ACTIVITIES

TUESDAY - CLASS PLANNING

....
....
....
....

BEFORE OR AFTER SCHOOL ACTIVITIES

WEDNESDAY - CLASS PLANNING

....
....
....
....

BEFORE OR AFTER SCHOOL ACTIVITIES

THURSDAY - CLASS PLANNING

....
....
....
....

BEFORE OR AFTER SCHOOL ACTIVITIES

FRIDAY - CLASS PLANNING

....
....
....
....

BEFORE OR AFTER SCHOOL ACTIVITIES

MAY/JUNE 2021

MONDAY   **31**

....
....
....
....

┌─ OTHER NOTES/TASKS TO COMPLETE ─────────────────────────────────────┐
│   │
└──┘

TUESDAY   **01**

....
....
....
....

┌─ OTHER NOTES/TASKS TO COMPLETE ─────────────────────────────────────┐
│   │
└──┘

WEDNESDAY   **02**

....
....
....
....

┌─ OTHER NOTES/TASKS TO COMPLETE ─────────────────────────────────────┐
│   │
└──┘

THURSDAY   **03**

....
....
....
....

┌─ OTHER NOTES/TASKS TO COMPLETE ─────────────────────────────────────┐
│   │
└──┘

FRIDAY   **04**

....
....
....
....

SAT 05	SUN 06

MONDAY - CLASS PLANNING

....
....
....
....
....

BEFORE OR AFTER SCHOOL ACTIVITIES

TUESDAY - CLASS PLANNING

....
....
....
....
....

BEFORE OR AFTER SCHOOL ACTIVITIES

WEDNESDAY - CLASS PLANNING

....
....
....
....
....

BEFORE OR AFTER SCHOOL ACTIVITIES

THURSDAY - CLASS PLANNING

....
....
....
....
....

BEFORE OR AFTER SCHOOL ACTIVITIES

FRIDAY - CLASS PLANNING

....
....
....
....
....

BEFORE OR AFTER SCHOOL ACTIVITIES

JUNE 2021

MONDAY   **07**

....
....
....
....

OTHER NOTES/TASKS TO COMPLETE

TUESDAY   **08**

....
....
....
....

OTHER NOTES/TASKS TO COMPLETE

WEDNESDAY   **09**

....
....
....
....

OTHER NOTES/TASKS TO COMPLETE

THURSDAY   **10**

....
....
....
....

OTHER NOTES/TASKS TO COMPLETE

FRIDAY   **11**

....
....
....
....

SAT 12	SUN 13

MONDAY - CLASS PLANNING

....
....
....
....

BEFORE OR AFTER SCHOOL ACTIVITIES

TUESDAY - CLASS PLANNING

....
....
....
....
....

BEFORE OR AFTER SCHOOL ACTIVITIES

WEDNESDAY - CLASS PLANNING

....
....
....
....
....

BEFORE OR AFTER SCHOOL ACTIVITIES

THURSDAY - CLASS PLANNING

....
....
....
....
....

BEFORE OR AFTER SCHOOL ACTIVITIES

FRIDAY - CLASS PLANNING

....
....
....
....
....

BEFORE OR AFTER SCHOOL ACTIVITIES

JUNE 2021

MONDAY   **14**

....
....
....
....

OTHER NOTES/TASKS TO COMPLETE

TUESDAY   **15**

....
....
....
....

OTHER NOTES/TASKS TO COMPLETE

WEDNESDAY   **16**

....
....
....
....

OTHER NOTES/TASKS TO COMPLETE

THURSDAY   **17**

....
....
....
....

OTHER NOTES/TASKS TO COMPLETE

FRIDAY   **18**

....
....
....
....

SAT 19	**SUN 20**

MONDAY - CLASS PLANNING

....
....
....
....
....

BEFORE OR AFTER SCHOOL ACTIVITIES

TUESDAY - CLASS PLANNING

....
....
....
....
....

BEFORE OR AFTER SCHOOL ACTIVITIES

WEDNESDAY - CLASS PLANNING

....
....
....
....
....

BEFORE OR AFTER SCHOOL ACTIVITIES

THURSDAY - CLASS PLANNING

....
....
....
....
....

BEFORE OR AFTER SCHOOL ACTIVITIES

FRIDAY - CLASS PLANNING

....
....
....
....
....

BEFORE OR AFTER SCHOOL ACTIVITIES

JUNE 2021

MONDAY 21

....
....
....
....

┌─ OTHER NOTES/TASKS TO COMPLETE ────────────────────────────┐
│   │
│   │
└───┘

TUESDAY 22

....
....
....
....

┌─ OTHER NOTES/TASKS TO COMPLETE ────────────────────────────┐
│   │
│   │
└───┘

WEDNESDAY 23

....
....
....
....

┌─ OTHER NOTES/TASKS TO COMPLETE ────────────────────────────┐
│   │
│   │
└───┘

THURSDAY 24

....
....
....
....

┌─ OTHER NOTES/TASKS TO COMPLETE ────────────────────────────┐
│   │
│   │
└───┘

FRIDAY 25

....
....
....
....

SAT 26	SUN 27

MONDAY - CLASS PLANNING

....
....
....
....

BEFORE OR AFTER SCHOOL ACTIVITIES

TUESDAY - CLASS PLANNING

....
....
....
....

BEFORE OR AFTER SCHOOL ACTIVITIES

WEDNESDAY - CLASS PLANNING

....
....
....
....

BEFORE OR AFTER SCHOOL ACTIVITIES

THURSDAY - CLASS PLANNING

....
....
....
....

BEFORE OR AFTER SCHOOL ACTIVITIES

FRIDAY - CLASS PLANNING

....
....
....
....

BEFORE OR AFTER SCHOOL ACTIVITIES

JUNE/JULY 2021

MONDAY   **28**

....
....
....
....

OTHER NOTES/TASKS TO COMPLETE

TUESDAY   **29**

....
....
....
....

OTHER NOTES/TASKS TO COMPLETE

WEDNESDAY   **30**

....
....
....
....

OTHER NOTES/TASKS TO COMPLETE

THURSDAY   **01**

....
....
....
....

OTHER NOTES/TASKS TO COMPLETE

FRIDAY   **02**

....
....
....
....

SAT 03	SUN 04

MONDAY - CLASS PLANNING

....
....
....
....

BEFORE OR AFTER SCHOOL ACTIVITIES

TUESDAY - CLASS PLANNING

....
....
....
....
....

BEFORE OR AFTER SCHOOL ACTIVITIES

WEDNESDAY - CLASS PLANNING

....
....
....
....
....

BEFORE OR AFTER SCHOOL ACTIVITIES

THURSDAY - CLASS PLANNING

....
....
....
....
....

BEFORE OR AFTER SCHOOL ACTIVITIES

FRIDAY - CLASS PLANNING

....
....
....
....
....

BEFORE OR AFTER SCHOOL ACTIVITIES

Attach your school staff photo here or photos from the year here as a keepsake.

Attach your school staff photo here or photos from the year here as a keepsake.

 *Notes*

 Notes

 Notes

Notes

 Notes

www.ingramcontent.com/pod-product-compliance
Lightning Source LLC
LaVergne TN
LVHW081103271025
824368LV00018B/1696